KAY-HENNER MENGE

Schokoladentafeln

SELBST GEMACHT

Inhalt

»Alles ist gut, wenn es aus Schokolade ist!«

Kuvertüre wird üblicherweise als Block angeboten. Es gibt sie auch in Form von Chips oder Pastillen zu kaufen, diese ersparen das Zerkleinern und garantieren ein gleichmäßiges Schmelzen.

... sagt ein Sprichwort unbekannter Herkunft. Und wenn Schokolade tatsächlich glücklich macht, finden Sie mit den Rezepten in diesem Buch den Weg zum Schokoladenglück. Um zu Hause Ihre eigenen Schokoladentafeln zu gießen, brauchen Sie neben ein wenig Zeit und Geduld nur noch Kuvertüre, ein Thermometer und die beiliegende Tafelform.

Schokoladenkuvertüre

Kuvertüre (von frz. couvrir, »etwas abdecken«) ist eine Schokoladenmasse, die meist als Überzug für Pralinen oder Gebäck verwendet wird. Sie unterscheidet sich von Tafelschokolade durch ihren höheren Kakaobuttergehalt. Schokolade enthält durchschnittlich 18 %, Kuvertüre mindestens 31 % Kakaobutter. Bei Raumtemperatur ist Kakaobutter fest, im erwärmten Zustand sorgt sie dafür, dass geschmolzene Kuvertüre flüssig ist und sich ganz einfach in der Form verteilen lässt. Kuvertüre kann in drei Sorten eingeteilt werden: Bitter-, Vollmilch- und weiße Kuvertüre. Dunkle **Bitterkuvertüre** gibt es in den Sorten »halbbitter« und »zartbitter« mit einem Kakaoanteil von etwa 50 % sowie »edelbitter« mit 60 % Kakao. Der Einfachheit halber wird in diesem Buch für alle drei Sorten der Begriff »Bitterkuvertüre« verwendet. Die hellere **Vollmilchkuvertüre** hat 36 % Kakao und enthält zusätzlich Milchpulver. **Weiße Kuvertüre** enthält keinen Kakao und verdankt ihr Aroma der Kakaobutter.

Tipp Nehmen Sie für Ihre Schokoladentafeln hochwertige Kuvertüre, die Sie im Supermarkt oder im Naturkostladen, aber auch beim Konditor oder im Feinkostgeschäft bekommen: Sie lässt sich gut schmelzen, ist zart und cremig und hat ein besonders feines Aroma.

Thermometer

In der Praxis hat sich schnell herausgestellt, dass die besten Schokoladentafel-Ergebnisse erreicht werden, wenn die Temperaturen bei der Verarbeitung exakt eingehalten werden. Im Handel gibt es verschiedene Küchenthermometer: Preiswert sind einfache **Teewasser-Thermometer,** die jedoch unter Umständen die Temperatur etwas träge und ungenau anzeigen. Etwas teurer sind **digitale Küchenthermometer.** Diese sind präzise und zeigen Temperaturen auch in Zehntelgraden an.
Hinweis Kuvertüre vor der Temperaturkontrolle immer gut durchrühren und in der Mitte der flüssigen Kuvertüre messen. Thermometer danach sofort abwischen, damit anhaftende Kuvertüre die nächste Messung nicht verfälscht.

Schokoladentafelform

Die Form besteht aus lebensmittelechtem Kunststoff (PET). Vor dem ersten Gebrauch sollte sie mit warmem Wasser, einem weichen Spültuch und ohne Spülmittel gespült und dann sorgfältig abgetrocknet werden. Die Form muss immer vollkommen trocken sein, bevor Kuvertüre eingegossen wird. Jeder Wassertropfen führt zu Löchern in der Oberfläche der Schokolade und zu unschönen Verfärbungen. Nach Entnahme der Schokoladentafeln empfiehlt es sich, zunächst eventuell vorhandene Schokoladenreste mit Küchenkrepp zu entfernen. Normalerweise braucht die Form der Schokoladentafeln nicht wieder gespült zu werden.

Wie hochwertig Kuvertüre ist, hängt von der Qualität der Kakaobohnen und deren Verarbeitung ab. Das Verhältnis von Kakao zu Zucker kann bei einer Kuvertürensorte variieren, der Kakaobuttergehalt bleibt aber gleich, damit sie problemlos verarbeitet werden kann.

Mit einem digitalen Küchenthermometer lässt sich die Temperatur der Kuvertüre am genauesten messen.

Schokoladentafeln selbst gemacht

Vorweg ein wenig Theorie

Um Kuvertüre verarbeiten zu können, muss diese zunächst geschmolzen werden. Anschließend wird sie wieder abgekühlt und erneut kurz erwärmt. Diesen Vorgang nennt man **Temperieren** oder Vorkristallisieren, da sich hierbei Kakaobutterkristalle bilden. Das Temperieren von Kuvertüre ist der heikelste Prozess der Schokoladenherstellung, denn Kuvertüre ist sehr temperaturempfindlich.

Kakaobutter kann sechs verschiedene Kristallformen bilden, aber leider ist nur eine Form die Richtige für Schokolade. Ziel des Temperierens ist es, genau diese Kristallform, die einen Schmelzpunkt von etwa 33 °C hat, heranzuzüchten. Denn die Schokolade soll so fest werden, dass sie nicht zerfließt, aber noch so weich sein, dass sie noch zerbrochen werden kann. Zudem muss der Schmelzpunkt unter der Körpertemperatur und über der Raumtemperatur liegen, damit die Schokolade im Mund schmelzen kann, vorher aber fest ist. Außerdem sollen die Kristalle sehr klein sein, damit die Schokoladenoberfläche geschmeidig und matt glänzend ist.

Während des Schmelzens muss die Temperatur in der Kuvertüremasse ausreichend hoch sein (40–45 °C) und so lange beibehalten werden, bis sich alle Kristalle aufgelöst haben. Um die erwünschten Kristalle zu erhalten, muss die Kuvertüre unter beständigem Rühren nun abkühlen. Dadurch bilden sich viele kleine Kristalle in hauptsächlich zwei Strukturformen, und die Kuvertüre wird dickflüssiger. Kurz bevor die Kuvertüre fest wird, muss sie nun erneut leicht erwärmt werden. Dabei schmilzt die eine Form der mitgebildeten Kakaobutterkristalle wieder,

Die Sache mit dem Temperieren mag Ihnen zunächst etwas kompliziert erscheinen, doch Sie werden nach einigen Versuchen bald Übung bekommen. Man wird eben nicht von jetzt auf gleich zum Chocolatier!

und es bleibt nur die erwünschte Kristallform zurück. Weil gleichzeitig weniger Kristalle vorhanden sind, ist die Kuvertüre nun flüssiger und kann in die Tafelform gegossen werden.

Drei verschiedene Methoden, Kuvertüre zu temperieren

Für die Herstellung von Schokoladentafeln im Haushalt hat sich die **Wasserbadmethode** als besonders praktisch erwiesen: Die gehackte Kuvertüre wird bei dieser Vorgehensweise zunächst über einem warmen Wasserbad geschmolzen, dann in einem kälteren Wasserbad abgekühlt und abschließend über einem weiteren warmen Wasserbad auf Verarbeitungstemperatur erwärmt.

Professionelle Chocolatiers bevorzugen die **Tabliermethode**: Dabei wird die Kuvertüre ebenfalls zunächst über einem warmen Wasserbad geschmolzen. Anschließend werden etwa zwei Drittel der geschmolzenen Kuvertüre auf einer kühlen Arbeitsfläche mit einem Spatel schnell hin und her gestrichen und wieder zur Mitte geführt. Sobald die Kuvertüre fester wird, muss sie unter die restliche flüssige Kuvertüre gerührt werden. Ist die Verarbeitungstemperatur noch nicht erreicht, wird wieder ein Teil der Kuvertüre tabliert.

Möglich ist auch die **Impfmethode**: Hierbei werden zunächst nur etwa zwei Drittel der zerkleinerten Kuvertüre geschmolzen. Die restliche Kuvertüre wird dann – zerkleinert – nach und nach unter die flüssige Kuvertüre gemischt. Durch dieses sogenannte Impfen kühlt die Kuvertüre ab. Abschließend wird die Kuvertüre auf Verarbeitungstemperatur erwärmt.

Tipp Mikrowelle oder Backofen sind zum Schmelzen von Kuvertüre ungeeignet, da die Temperatur hier nicht ausreichend kontrolliert werden kann. Kuvertüre reagiert empfindlich schnell auf zu hohe Temperaturen (siehe Kasten Seite 11).

Das Temperieren von Kuvertüre ist nicht schwer. Es erfordert nur etwas Sorgfalt, Geduld (!) und ein genaues Arbeiten, denn die exakte Einhaltung der Temperatur ist der Schlüssel zum Erfolg!

Beim Zerkleinern darauf achten, dass die Kuvertürestückchen annähernd gleich groß sind.

Schritt für Schritt zur selbst gemachten Schokolade

Schritt 1: Kuvertüre zerkleinern

Damit der Schmelzprozess der Kuvertüre schneller abläuft, wird sie fein gehackt oder geraspelt. Verwenden Sie dafür kein Brett auf dem zuletzt etwas stark Riechendes (z. B. Zwiebeln, Knoblauch) bearbeitet wurde, Schokolade nimmt schnell Fremdgerüche auf! Idealerweise sind die Stückchen gleich groß, so kann die Kuvertüre gleichmäßig schmelzen.
Tipp Bei der Verarbeitung von Kuvertüre sollte die Raumtemperatur etwa 20 °C betragen.

Schritt 2: Kuvertüre schmelzen

Da Metall ein guter Wärmeleiter ist, muss die Kuvertüre während des Schmelzens vom Schüsselrand zur Mitte sanft verrührt werden.

Um die Kuvertüre vor direkter Hitzeeinwirkung zu schützen, wird sie in einer Metallschüssel über einem Wasserbad geschmolzen. Am besten eignet sich ein Schlagkessel mit Standring. Der Topf mit dem Wasserbad muss entsprechend groß gewählt werden, sodass es zu keinem direkten Kontakt mit dem Wasser kommt und kein Wasserdampf an die Kuvertüre gelangen kann. Das Wasser wird aufgekocht und so viel kaltes Wasser zugegeben, bis es eine Temperatur von etwa 55 °C hat. Um diese Temperatur zu halten, wird der Topf auf eine Warmhalteplatte gestellt.
Tipp Wenn Sie keine Warmhalteplatte haben, können Sie den Topf bei kleinster Hitze auf dem Herd lassen, dabei aber aufpassen, dass das Wasser wirklich nicht heißer wird.

Nun wird die Schüssel über das Wasser gehängt und die Kuvertüre geschmolzen. Dabei gelegentlich rühren, am besten mit einem Silikonschaber, und in Abständen die Temperatur kontrollieren (siehe Tabelle).
Hinweis Bei Kuvertüremischungen wird immer auf die jeweils niedrigere Temperaturspanne abgekühlt und erwärmt. (Beispiel: Mischung aus 200 g Bitterkuvertüre und 100 g Vollmilchkuvertüre: Abkühlen auf 27–28 °C, Erwärmen auf 29–30 °C).

In der Praxis hat es sich bewährt, die Schüssel vom Wasserbad zu nehmen, wenn die Endtemperatur erreicht ist, und dann noch 1–2 Minuten weiterzurühren.

Hinweis Das Schmelzen der Kuvertüre kann unterschiedlich lange dauern, deswegen geduldig weiterrühren und **nicht** die Wassertemperatur erhöhen.

Schritt 3: Kuvertüre abkühlen

Ist alle Kuvertüre geschmolzen, wird die Schüssel in ein zweites Wasserbad mit einer Temperatur von max. 25 °C gegeben. Hier darf die Schüssel Kontakt mit dem Wasser haben, das beschleunigt den Abkühlvorgang etwas. Die Kuvertüre wird nun unter Rühren abgekühlt und die Temperatur dabei kontrolliert (siehe Tabelle).

Auch bei diesem Arbeitsschritt hat es sich bewährt, die erreichte Temperatur etwas zu halten, das heißt 1–2 Minuten außerhalb des Wasserbads geduldig weiterzurühren.

Schritt 4: Kuvertüre erwärmen

Ist die Kuvertüre genügend abgekühlt, muss sie wieder erwärmt werden. Hierfür wird die Schüssel über ein drittes Wasserbad gehängt, dessen Temperatur max. 35 °C beträgt. Achtung: Bei diesem Arbeitsschritt sind die Temperaturspannen sehr klein, und das Erwärmen kann schnell

Bei der Verarbeitung aufpassen, dass weder Wasser noch Wasserdampf in die Kuvertüre gerät. Auch sollte die Kuvertüre auf keinen Fall schaumig gerührt werden, denn dann glänzt sie nach dem Abkühlen nicht, die Oberfläche wird matt und stumpf.

Temperaturen zur Verarbeitung der Kuvertüre

	Schmelzen	Abkühlen	Erneutes Erwärmen und Verarbeiten
Bitterkuvertüre	40 – 45 °C	28 – 30 °C	31 – 32 °C
Vollmilchkuvertüre	40 – 45 °C	27 – 28 °C	29 – 30 °C
Weiße Kuvertüre	40 – 45 °C	26 – 27 °C	28 – 29 °C

gehen. Sobald die Kuvertüre unter beständigem sanftem Rühren die Verarbeitungstemperatur (siehe Tabelle) erreicht hat, ist sie bereit zur Verarbeitung und muss auf dieser Temperatur gehalten werden.

Schritt 5: Schokoladentafeln gießen

Wird die Kuvertüre beim Temperieren um mehr als 0,5–1 °C über der Verarbeitungstemperatur erwärmt, zerstört man das empfindliche Gefüge der Kakaobutteremulsion und der Temperiervorgang muss wiederholt werden.

Bevor die Kuvertüre nun in die Form gegossen werden kann, wird auch die Verarbeitungstemperatur einen Moment lang gehalten. Ein letztes Mal wird die Masse 1–2 Minuten sanft weitergerührt und dabei je nach Rezept mit den übrigen Zutaten gemischt.

Tipp Wischen Sie die Schüssel ab, sobald Sie diese vom Wasserbad nehmen, damit beim Ausgießen kein Wasser in die Kuvertüremasse tropfen kann. Die Schüssel beim Rühren bereits in Gießrichtung kippen und die Kuvertüre vom Rand zur Mitte verrühren.

Zuletzt die Kuvertüre in die Form gießen und durch vorsichtiges Rütteln der Form darin verteilen. Zum Entfernen von Luftbläschen aus der Kuvertüre muss die gefüllte Form mehrmals auf die Arbeitsfläche geklopft werden, bevor sie garniert wird.

Durch vorsichtiges Rütteln der Form wird die Kuvertüre darin gleichmäßig verteilt.

Tipp Die Tafelform darf vor Gebrauch weder feucht noch gekühlt sein. Die Kuvertüreschüssel beim Ausgießen nicht penibel auskratzen, denn die verbliebene Kuvertüre kann bereits kälter als die Verarbeitungstemperatur sein. Das kann zur Bildung von unschönem Fettreif führen.

Schritt 6: Tafeln abkühlen lassen und aus der Form lösen

Zum Abkühlen die gefüllte Tafelform auf einem Holz- oder Kunststoffbrett für fünf Minuten in die Mitte des Kühlschranks stellen. Den richtigen Moment, die Tafelform herauszunehmen, erkennen Sie daran, dass die Oberfläche der Tafeln fest zu werden beginnt.

Tipp Die Form nicht in den unteren Bereich des Kühlschranks, nicht in die Nähe der Rückwand und nie direkt auf die kalten Glasplatten stellen, hier ist es jeweils zu kalt!

Schokoladentafeln nun bei Raumtemperatur fest werden lassen; das dauert etwa zwei Stunden. Zum Herauslösen die Form mit einem Küchentuch abgedeckt vorsichtig umdrehen. Wenn alle Vorgaben eingehalten wurden, liegen drei matt glänzende Schokoladentafeln vor Ihnen.

Die Schokoladentafeln sind zum baldigen Verzehr gedacht, denn Schokolade reagiert empfindlich auf Feuchtigkeit, Licht, Fremdaromen und Wärme. Darum sollte sie luft- und lichtdicht verpackt an einem Ort mit möglichst konstanter Temperatur von etwa 20 °C aufbewahrt werden.

Temperieren – mögliche Fehler

Ohne Temperieren oder wenn man Kuvertüre falsch temperiert, entstehen nicht erwünschte Kristallformen der Kakaobutter: Ist die Schokolade graufleckig, glanzlos oder krümelig im Bruch, wurde zu warm temperiert. Graue Streifen weisen auf zu kaltes Temperieren und/oder auf zu wenig Rühren beim Abkühlen hin.

Hinweis Temperierfehler sind auf dunkler Schokolade deutlicher zu sehen als auf heller. Darum empfiehlt es sich für unerfahrene Schokoladentafelgießer, erste Erfahrungen mit einem Rezept mit Vollmilch- oder weißer Kuvertüre zu machen.

Schokoladentafeln verpacken

Einfachste Verpackungen für Ihre selbst gemachten Schokoladentafeln sind transparente Folien oder Alufolie. Einzelne Tafeln beim Verpacken immer am besten mit einem Stück Pappe stabilisieren. Wenn Sie die Schokotafeln stapeln möchten, sollten Sie Pergamentpapier oder Papierservietten dazwischenlegen. Ein individuelles Geschenk wird aus selbst gemachter Schokolade, wenn Sie auch bei der Verpackung kreativ werden. Hier ein paar Vorschläge:

Für Kuhfreunde

Ein Kästchen mit Klarsichtdeckel mit Heu (Heimtier-bedarf) auslegen, Schokolade hineingeben. Kästchen mit (Alpenmotiv-)Borte zubinden und mit einer Mini-Kuhglocke (Spielzeugladen) dekorieren.
(im Bild: Gefleckte Schokolade »Bunte Kuh«, S. 52)

Für Espressofreunde

Einen Cellophan-Standbeutel mit 3 bis 4 Esslöffeln Espressobohnen füllen, Schokolade hineinstellen und den Beutel mit passendem Band verschließen. Hübsch sieht's aus, wenn Sie zusätzlich einen oder zwei Espressolöffel an den Beutel binden.
(im Bild: Espresso-Schokolade mit Kardamom, Rezept S. 21; auch passend für Kirsch-Kaffee-Schokolade, Rezept S. 41, Bild S. 2)
Tipp Geht auch mit Kakaobohnenstücken für die Kakaobohnen-Schokolade (Variante auf S. 41).

Frankreich im Glas

Olivenbaumzweige (gibt's im Blumenladen) oder Rosmarinzweige oder getrocknete Lavendelstiele sowie die entsprechende Schokolade in ein großes Glas mit Deckel (z. B. ein Weckglas mit Klammern oder Bügelglas) geben. Eventuell eine Miniflasche Olivenöl an das Glas binden.
(im Bild: Aprikosen-Schokolade mit Lavendel, Rezept S. 36; passend auch für die Pinienkern-Schokolade mit Rosmarin, Rezept S. 37 und die Weiße Oliven-Schokolade von S. 38)

Edelverpackung

Schokoladentafeln auf Tortenspitze aus Papier (gut sortierter Supermarkt oder Fachgeschäft für Deko-ratiosbedarf) legen, dann die Schokolade mit dem Papier in ein Stück Bratschlauch geben. Bratschlauch-enden mit Spitzenschleife verschließen.

Einfach gut

Lassen Sie dunkle Schokolade mit knusprig-zartem Baiser zur hellen Freude werden, sorgen Sie mit kühler Pfefferminz-Schokolade für wohlige Wärme und geben Sie den Geschmacksnerven mit herb-scharfer Tortilla-Chili-Schokolade den bittersüßen Schokokick. Oder entfachen Sie ein Gewürz-Feuerwerk mit gebrannter Mandel-Schokolade.

Curry-Schokolade mit Cashewkernen

Zutaten für 3 Schokoladentafeln

50 g Cashewkerne
(geröstet und gesalzen)

300 g Bitterkuvertüre

2 TL Currypulver
(plus etwas Currypulver
zum Bestäuben)

*Zubereitungszeit: ca. 1 Std.
(plus Zeit zum Festwerden
der Schokolade)*

Zubereitung

1 Die Hälfte der Cashewkerne längs halbieren, restliche Cashewkerne nicht zu fein hacken.

2 Kuvertüre mit einem schweren Messer fein hacken. Kuvertüre und Currypulver in einer Metallschüssel über einem warmen Wasserbad schmelzen und anschließend temperieren (siehe S. 7ff.).

3 Fein gehackte Cashewkerne unter die temperierte Kuvertüre rühren und in die vorbereitete Tafelform gießen. Kuvertüre durch vorsichtiges Rütteln der Form gleichmäßig darin verteilen. Form mehrmals vorsichtig auf die Arbeitsfläche klopfen, damit Luftblasen entweichen. Kuvertüre leicht mit Currypulver bestäuben, mit den restlichen Cashewkernen bestreuen und diese leicht andrücken.

4 Kuvertüre in der Form abkühlen und fest werden lassen. Schokolade aus der Form lösen.

Diese Schokolade finden Sie auf Seite 14 abgebildet.

Erdnuss-Schokolade mit Koriander

Zubereitung

1 Koriander im Mörser fein zerkleinern. Ein Drittel der Erdnüsse fein hacken.

2 Kuvertüre mit einem schweren Messer fein hacken. Kuvertüre und Koriander in einer Metallschüssel über einem warmen Wasserbad schmelzen und anschließend temperieren (siehe S. 7ff.).

3 Gehackte Erdnüsse unter die temperierte Kuvertüre rühren und in die vorbereitete Tafelform gießen. Kuvertüre durch vorsichtiges Rütteln der Form gleichmäßig darin verteilen. Form mehrmals vorsichtig auf die Arbeitsfläche klopfen, damit Luftblasen entweichen. Restliche Erdnüsse auf die Kuvertüre streuen und leicht andrücken.

4 Kuvertüre in der Form abkühlen und fest werden lassen. Schokolade aus der Form lösen.

Variante *Wer's gern scharf mag, ersetzt die gesalzenen Erdnüsse durch 50 g Wasabi-Erbsen (Asiamarkt). Diese jedoch nicht hacken und den Koriander weglassen.*

Diese Schokolade finden Sie auf Seite 14 abgebildet.

Zutaten für 3 Schokoladentafeln

1 TL Koriandersamen

75 g Erdnusskerne (geröstet und gesalzen)

300 g Bitterkuvertüre

Zubereitungszeit: ca. 1 Std. (plus Zeit zum Festwerden der Schokolade)

Schokolade mit Tonkabohnen und Mohn

Zutaten für 3 Schokoladentafeln

1 EL Mohnsamen (10 g)

1/2 Tonkabohne (siehe Tipp)

300 g Vollmilchkuvertüre

**Zubereitungszeit: ca. 1 Std.
(plus Zeit zum Festwerden
der Schokolade)**

Zubereitung

1 Mohn in einer Pfanne ohne Fett rösten, bis der Mohn anfängt zu duften, Pfanne dabei gelegentlich schwenken. Mohn auf einem Teller abkühlen lassen. Tonkabohne fein reiben. (Das geht am besten auf einer Muskatreibe.)

2 Kuvertüre mit einem schweren Messer fein hacken. Kuvertüre und geriebene Tonkabohne in einer Metallschüssel über einem warmen Wasserbad schmelzen und anschließend temperieren (siehe S. 7ff.).

3 Temperierte Kuvertüre in die vorbereitete Tafelform gießen und Kuvertüre durch vorsichtiges Rütteln der Form gleichmäßig darin verteilen. Form mehrmals vorsichtig auf die Arbeitsfläche klopfen, damit Luftblasen entweichen. Kuvertüre mit Mohn bestreuen.

4 Kuvertüre in der Form abkühlen und fest werden lassen. Schokolade aus der Form lösen.

Tipp *Tonkabohnen sind die harten, gestreckt mandelförmigen Samen des südamerikanischen Tonkabaumes. Das atemberaubende, süßliche Aroma der Bohnen erinnert an Bittermandel, Vanille und Waldmeister. Wie letzterer enthält auch die Tonkabohne Kumarin, weshalb beide nicht zu häufig verwendet werden sollten. Tonkabohnen bekommen Sie im Gewürzhandel.*

Chili-Schokolade
mit Tortillachips

Zutaten für 3 Schokoladentafeln

40 g Tortillachips natur
200 g Bitterkuvertüre
100 g Vollmilchkuvertüre
1 1/4 TL Chiliflocken

Zubereitungszeit: ca. 50 Min.
(plus Zeit zum Festwerden
der Schokolade)

Zubereitung

1 Hälfte der Tortillachips in einen Gefrierbeutel geben und mit einer Kuchenrolle fein zerkleinern, jedoch nicht pulverisieren. Beiseite stellen. Restliche Tortillachips im Beutel grob zerkleinern. Feine Bestandteile mit einem groben Sieb abtrennen und zu den feinen Teilen geben.

2 Beide Kuvertüren mit einem schweren Messer fein hacken. Kuvertüre und 1 TL Chiliflocken in einer Metallschüssel über einem warmen Wasserbad schmelzen und anschließend temperieren (siehe S. 7ff.).

3 Fein zerkleinerte Tortillachips unter die temperierte Kuvertüre rühren und in die vorbereitete Tafelform gießen. Kuvertüre durch vorsichtiges Rütteln der Form gleichmäßig darin verteilen. Form mehrmals vorsichtig auf die Arbeitsfläche klopfen, damit Luftblasen entweichen. Grob zerkleinerte Tortillachips auf der Kuvertüre verteilen, restliche Chiliflocken dazwischenstreuen.

4 Kuvertüre in der Form abkühlen und fest werden lassen. Schokolade aus der Form lösen.

Tipp *Die Schokolade baldmöglichst luftdicht verpacken, damit die Tortillachips nicht weich werden.*

Espresso-Schokolade
mit Kardamom

Zubereitung

1 Kardamomkapseln aufbrechen, die Kerne herauslösen und im Mörser fein zerkleinern. Espressobohnen nicht zu fein hacken, feine Bestandteile mit einem groben Sieb abtrennen.

2 Beide Kuvertüren mit einem schweren Messer fein hacken. Kuvertüre in einer Metallschüssel über einem warmen Wasserbad schmelzen und anschließend temperieren (siehe S. 7ff.).

3 Kardamom, Espressopulver und feine Espressoteile unter die temperierte Kuvertüre rühren und in die vorbereitete Tafelform gießen. Kuvertüre durch vorsichtiges Rütteln der Form gleichmäßig darin verteilen. Form mehrmals vorsichtig auf die Arbeitsfläche klopfen, damit Luftblasen entweichen. Gehackte Espressobohnen auf die Kuvertüre streuen.

4 Kuvertüre in der Form abkühlen und fest werden lassen. Schokolade aus der Form lösen.

Diese Schokolade finden Sie auf Seite 12 abgebildet.

Zutaten für 3 Schokoladentafeln

3-4 Kardamomkapseln

1 EL Espresso- oder Kaffeebohnen

200 g Vollmilchkuvertüre

100 g Bitterkuvertüre

1 gehäufter TL Instant-Espressopulver

Zubereitungszeit: ca. 1 Std. (plus Zeit zum Festwerden der Schokolade)

Ingwer-Schokolade

Zutaten für 3 Schokoladentafeln

75 g kandierter Ingwer

300 g Vollmilchkuvertüre

Zubereitungszeit: ca. 1 Std. (plus Zeit zum Festwerden der Schokolade)

Zubereitung

1 Eine Hälfte vom kandierten Ingwer grob hacken, die andere Hälfte fein hacken.

2 Kuvertüre mit einem schweren Messer fein hacken. Kuvertüre in einer Metallschüssel über einem warmen Wasserbad schmelzen und anschließend temperieren (siehe S. 7ff.).

3 Fein gehackten Ingwer unter die temperierte Kuvertüre rühren und in die vorbereitete Tafelform gießen. Kuvertüre durch vorsichtiges Rütteln der Form gleichmäßig darin verteilen. Form mehrmals vorsichtig auf die Arbeitsfläche klopfen, damit Luftblasen entweichen. Grob gehackten Ingwer auflockern und auf die Kuvertüre streuen.

4 Kuvertüre in der Form abkühlen und fest werden lassen. Schokolade aus der Form lösen.

Tipp *Pfiffig verpacken können Sie diese Schokolade als »Asiatische Rolle«. Dazu die Schokoladentafeln in eine Sushimatte (Asiamarkt) wickeln und mit Bast verschnüren. Mit Glückskeks dekorieren. Oder die Schokolade in eine entsprechend große Bentobox legen. Diese Verpackung passt auch gut zur Schokolade mit Sesamkrokant (S. 45) und zur Grüntee-Schokolade mit Pistazien (S. 51).*

Baiser-Schokolade mit roten Herzen

Zubereitung

1 Baisers mit einem Messer hacken, jedoch nicht pulverisieren. Feine Bestandteile mit einem groben Sieb abtrennen.

2 Beide Kuvertüren mit einem schweren Messer fein hacken. Kuvertüre in einer Metallschüssel über einem warmen Wasserbad schmelzen und anschließend temperieren (siehe S. 7ff.).

3 Die Hälfte der gehackten Baisers und feine Baiserteile unter die temperierte Kuvertüre rühren und in die vorbereitete Tafelform gießen. Kuvertüre durch vorsichtiges Rütteln der Form gleichmäßig darin verteilen. Form mehrmals vorsichtig auf die Arbeitsfläche klopfen, damit Luftblasen entweichen. Restliche gehackte Baisers und Herzen auf die Kuvertüre streuen.

4 Kuvertüre in der Form abkühlen und fest werden lassen. Schokolade aus der Form lösen.

Tipp *Verpackungsidee zum Valentinstag: Ein Foto mit einer Zackenschere auf Briefmarkengröße zuschneiden und auf einen Briefumschlag mit Klarsichtfenster kleben. Beschriften mit »Happy Valentine« oder »Liebesbrief«. Schokoladentafel in dem Umschlag verschenken. Passt auch gut zur Weißen Schokolade mit Rosen und Veilchen (S. 56).*

Zutaten für 3 Schokoladentafeln

15 g kleine Baisers

200 g Vollmilchkuvertüre

100 g Bitterkuvertüre

15 g rote Herzen (Zuckerkonfetti)

Zubereitungszeit: ca. 50 Min. (plus Zeit zum Festwerden der Schokolade)

Haselnuss-Schokolade

Zutaten für 3 Schokoladentafeln

80 g Haselnusskerne

300 g Bitterkuvertüre

Zubereitungszeit: ca. 1 Std. 15 Min. (plus Zeit zum Festwerden der Schokolade)

Zubereitung

1 Haselnüsse auf einem Blech im heißen Ofen bei 180 Grad (Umluft 160 Grad) 10–12 Minuten rösten, bis die Schalen aufplatzen. Haselnüsse auf ein Küchentuch geben und die Schalen damit abreiben. 50 g Nüsse vierteln, feine Bestandteile mit einem feinen Sieb entfernen. Restliche Nüsse fein hacken.

2 Kuvertüre mit einem schweren Messer fein hacken. Kuvertüre in einer Metallschüssel über einem warmen Wasserbad schmelzen und anschließend temperieren (siehe S. 7ff.).

3 Gehackte Nüsse und feine Teile unter die temperierte Kuvertüre rühren und in die vorbereitete Tafelform gießen. Kuvertüre durch vorsichtiges Rütteln der Form gleichmäßig darin verteilen. Form mehrmals vorsichtig auf die Arbeitsfläche klopfen, damit Luftblasen entweichen. Geviertelte Nüsse auf der Kuvertüre verteilen.

4 Kuvertüre in der Form abkühlen und fest werden lassen. Schokolade aus der Form lösen.

Variante *Wandeln Sie dieses Rezept mit gerösteten Macadamianüssen (gehackt) ab. Sie schmecken aromatisch und leicht süßlich und ergänzen sich wunderbar mit dem Bitterton der Schokolade.*

Diese Schokolade finden Sie auf dem Cover abgebildet (ganz oben).

Cornflakes-Schokolade

Zubereitung

1 20 g Cornflakes in einen Gefrierbeutel geben und mit einer Kuchenrolle fein zerkleinern, jedoch nicht pulverisieren. Beiseite stellen. 15 g Cornflakes im Beutel grob zerkleinern. Feine Bestandteile mit einem groben Sieb abtrennen und zu den feinen Teilen geben.

2 Beide Kuvertüren mit einem schweren Messer fein hacken. Kuvertüre in einer Metallschüssel über einem warmen Wasserbad schmelzen und anschließend temperieren (siehe S. 7ff.).

3 Fein zerkleinerte Cornflakes unter die temperierte Kuvertüre rühren und in die vorbereitete Tafelform gießen. Kuvertüre durch vorsichtiges Rütteln der Form gleichmäßig darin verteilen. Form mehrmals vorsichtig auf die Arbeitsfläche klopfen, damit Luftblasen entweichen. Grob zerkleinerte Cornflakes auf der Kuvertüre verteilen.

4 Kuvertüre in der Form abkühlen und fest werden lassen. Schokolade aus der Form lösen.

Tipp *Die Schokolade baldmöglichst luftdicht verpacken, damit die Cornflakes nicht weich werden.*

Variante *Auch andere knusprige Frühstücksleckereien schmecken in der Schokolade. Ersetzen Sie doch einmal die Cornflakes durch Haferfleks.*

Diese Schokolade finden Sie auf dem Cover abgebildet (2. von unten).

Zutaten für 3 Schokoladentafeln

35 g Cornflakes

200 g Vollmilchkuvertüre

100 g Bitterkuvertüre

Zubereitungszeit: ca. 1 Std. (plus Zeit zum Festwerden der Schokolade)

Schokolade mit Rum-Rosinen und braunen Kuchen

Zubereitung

1 Rosinen hacken und mit dem Rum mischen. Abgedeckt 2 Stunden marinieren.

2 Braune Kuchen in einem Gefrierbeutel mit einer Kuchenrolle stückig zerkleinern. Feine Bestandteile mit einem groben Sieb abtrennen und beiseite stellen.

3 Beide Kuvertüren mit einem schweren Messer fein hacken. Kuvertüre in einer Metallschüssel über einem warmen Wasserbad schmelzen und anschließend temperieren (siehe S. 7ff.).

4 Rum-Rosinen und feine Kuchenbrösel unter die temperierte Kuvertüre rühren und in die vorbereitete Tafelform gießen. Kuvertüre durch vorsichtiges Rütteln der Form gleichmäßig darin verteilen. Form mehrmals vorsichtig auf die Arbeitsfläche klopfen, damit Luftblasen entweichen. Braune Kuchenstücke auf die Kuvertüre streuen und leicht andrücken.

5 Kuvertüre in der Form abkühlen und fest werden lassen. Schokolade aus der Form lösen.

Variante *Statt braunen Kuchen schmecken zur Weihnachtszeit auch Spekulatius in dieser Schokolade. Oder Sie ersetzen die Kuchen durch italienische Mandelmakronen (Amaretti).*

Zutaten für 3 Schokoladentafeln

40 g Rosinen

2 EL brauner Rum

65 g braune Kuchen (z. B. Kemmsche Kuchen)

200 g Bitterkuvertüre

100 g Vollmilchkuvertüre

Zubereitungszeit: ca. 1 Std. (plus Marinierzeit und Zeit zum Festwerden der Schokolade)

Gewürz-Schokolade mit gebrannten Mandeln

Zutaten für 3 Schokoladentafeln

75 g gebrannte Mandeln

300 g Vollmilchkuvertüre

1/2 TL Lebkuchengewürz

Zubereitungszeit: ca. 1 Std.
(plus Zeit zum Festwerden
der Schokolade)

Zubereitung

1 Ein Drittel der gebrannten Mandeln fein hacken. Restliche Mandeln halbieren, feine Bestandteile mit einem groben Sieb abtrennen und zu den gehackten Mandeln geben.

2 Kuvertüre mit einem schweren Messer fein hacken. Kuvertüre und Lebkuchengewürz in einer Metallschüssel über einem warmen Wasserbad schmelzen und anschließend temperieren (siehe S. 7ff.).

3 Gehackte Mandeln unter die temperierte Kuvertüre rühren und in die vorbereitete Tafelform gießen. Kuvertüre durch vorsichtiges Rütteln der Form gleichmäßig darin verteilen. Form mehrmals vorsichtig auf die Arbeitsfläche klopfen, damit Luftblasen entweichen. Restliche gebrannte Mandeln auf die Kuvertüre streuen und leicht andrücken.

4 Kuvertüre in der Form abkühlen und fest werden lassen. Schokolade aus der Form lösen.

Variante *Kein Lebkuchengewürz zur Hand? Dann ersetzen Sie das Gewürz durch Zimtpulver.*

Schokolade mit kandierter Pfefferminze

Zubereitung

1 Pfefferminzblättchen nach Belieben hacken. Beide Kuvertüren mit einem schweren Messer fein hacken. Kuvertüre und Pfefferminzöl in einer Metallschüssel über einem warmen Wasserbad schmelzen und anschließend temperieren (siehe S. 7ff.).

2 Temperierte Kuvertüre in die vorbereitete Tafelform gießen und durch vorsichtiges Rütteln der Form gleichmäßig darin verteilen. Form mehrmals vorsichtig auf die Arbeitsfläche klopfen, damit Luftblasen entweichen. Pfefferminzblättchen auf die Kuvertüre streuen und leicht andrücken.

3 Kuvertüre in der Form abkühlen und fest werden lassen. Schokolade aus der Form lösen.

Variante *Einen leichten Biss bekommt diese Schokolade, wenn Sie nach dem Temperieren 10 g gehackte Baisers unter die Kuvertüre rühren.*

Zutaten für 3 Schokoladentafeln

25 g kandierte Pfefferminz-blättchen

200 g Bitterkuvertüre

100 g Vollmilchkuvertüre

4 Tropfen naturreines Pfefferminzöl (Apotheke)

Zubereitungszeit: ca. 50 Min. (plus Zeit zum Festwerden der Schokolade)

Schokoladenfiguren

Die gefüllten Ausstechformen schmecken nicht nur zu Ostern oder Weihnachten. Die Zubereitungszeit beträgt 40 Minuten plus die Zeit, in der die Schokoladentafeln fest werden müssen.

1 Ein Blech mit einem weichen Tuch auslegen und das Tuch mit Klarsichtfolie abdecken. 8 mittelgroße Ausstechförmchen so in die Folie drücken, dass die Förmchen jeweils nach unten abschließen.

2 Je 100 g Vollmilch- und Bitterkuvertüre fein hacken, in einer Metallschüssel über einem warmen Wasserbad schmelzen und anschließend temperieren (siehe S. 7ff.). 1/2 TL fein abgeriebene Bio-Orangenschale unterrühren.

3 Kuvertüre mit einem kleinen Löffel in den Förmchen verteilen, darin abkühlen, fest werden lassen und verzieren.

Schokoladentafeln verzieren

Ein ganz besonderes Geschenk sind individuell verzierte Schokoladentafeln. Die Gitterseite der Tafeln kann hierfür wie bei einem Kreuzworträtsel beschrieben werden.

1 Für die Verzierung je nach Farbe der Schokoladentafel in Kontrastfarbe 100 g weiße, Vollmilch- oder Bitterkuvertüre mit einem schweren Messer fein hacken.

2 Die Hälfte der Kuvertüre in einer Metallschüssel über einem warmen Wasserbad schmelzen. Schüssel vom Wasserbad nehmen und die restliche Kuvertüre unter Rühren darin auflösen.

3 Kuvertüre in einen Einwegspritzbeutel füllen und die Spitze mit einer Schere fein abschneiden. Schokoladentafeln nach Belieben mit der flüssigen Kuvertüre beschriften.

Beeindruckend anders

Das weckt Urlaubserinnerungen der sinn-
reichen Art: Frankreichreisende träumen bei
Aprikosenschokolade von provenzalischen
Lavendelfeldern. Wer in Italien war, denkt bei
weißer Olivenschokolade an die Lieblings-
Trattoria. Freunde des Schwarzwalds freuen
sich über Kirsch-Kaffee-Schokolade. Und mit
Grüntee-Schokolade lässt sich die japanische
Teezeremonie auf schokoladige Art zelebrieren.

Aprikosen-Schokolade mit Lavendel

Zutaten für 3 Schokoladentafeln

50 g getrocknete Aprikosen

2 EL Brandy (oder Weinbrand)

150 g Vollmilchkuvertüre

150 g Bitterkuvertüre

1/2 TL getrocknete
Lavendelblüten (ca. 1 g)

*Zubereitungszeit: ca. 1 Std.
(plus Marinierzeit und Zeit zum
Festwerden der Schokolade)*

Zubereitung

1 Aprikosen fein würfeln und etwa ein Viertel davon beiseite legen. Restliche Aprikosen und Brandy mischen, 2 Stunden marinieren.

2 Beide Kuvertüren mit einem schweren Messer fein hacken. Kuvertüre in einer Metallschüssel über einem warmen Wasserbad schmelzen und anschließend temperieren (siehe S. 7ff.). Marinierte Aprikosen unter die temperierte Kuvertüre rühren.

3 Kuvertüre in die vorbereitete Tafelform gießen und durch vorsichtiges Rütteln der Form gleichmäßig darin verteilen. Form mehrmals vorsichtig auf die Arbeitsfläche klopfen, damit Luftblasen entweichen.

4 Gehackte Aprikosen auflockern und auf der Kuvertüre verteilen, Lavendelblüten dazwischenstreuen. Kuvertüre in der Form abkühlen und fest werden lassen. Schokolade aus der Form lösen.

Variante *Mit derselben Mischung aus Vollmilch- und Bitterkuvertüre können Sie auch eine Karamell-Schokolade herstellen: Dazu 5 weiche Karamellbonbons (35 g) mit einem scharfen Messer klein würfeln, weitere 5 Karamellbonbons fein hacken und auseinanderkrümeln. Die Karamellkrümel unter die temperierte Kuvertüre rühren und weiterverfahren wie in Step 3 oben. Dann die gewürfelten Karamellbonbons aufstreuen.*

Diese Schokolade finden Sie auf Seite 34 und auf Seite 12 abgebildet.

Pinienkern-Schokolade mit Rosmarin

Zubereitung

1 Pinienkerne in einer Pfanne ohne Fett goldbraun rösten, Pfanne dabei gelegentlich rütteln. Pinienkerne auf einem Teller abkühlen lassen. Rosmarinnadeln abzupfen und fein hacken.

2 Kuvertüre mit einem schweren Messer fein hacken. Kuvertüre und Rosmarin in einer Metallschüssel über einem warmen Wasserbad schmelzen und anschließend temperieren (siehe S. 7ff.).

3 Temperierte Kuvertüre in die vorbereitete Tafelform gießen. Kuvertüre durch vorsichtiges Rütteln der Form gleichmäßig darin verteilen. Form mehrmals vorsichtig auf die Arbeitsfläche klopfen, damit Luftblasen entweichen. Pinienkerne auf die Kuvertüre streuen.

4 Kuvertüre in der Form abkühlen und fest werden lassen. Schokolade aus der Form lösen.

Diese Schokolade finden Sie auf Seite 34 abgebildet.

Zutaten für 3 Schokoladentafeln

30 g Pinienkerne

2 kleine Rosmarinzweige

300 g Vollmilchkuvertüre

Zubereitungszeit: ca. 1 Std. (plus Zeit zum Festwerden der Schokolade)

Weiße Oliven-Schokolade

Zutaten für 3 Schokoladentafeln

10 trocken eingelegte Oliven
(siehe Tipp)

300 g weiße Kuvertüre

1 EL kalt gepresstes Olivenöl

**Zubereitungszeit: ca. 45 Min.
(plus Zeit zum Festwerden
der Schokolade)**

Zubereitung

1 Oliven trockentupfen und sehr fein hacken. Kuvertüre mit einem schweren Messer fein hacken. Kuvertüre in einer Metallschüssel über einem warmen Wasserbad schmelzen und anschließend temperieren (siehe S. 7ff.).

2 Olivenöl unter die temperierte Kuvertüre rühren und in die vorbereitete Tafelform gießen. Kuvertüre durch vorsichtiges Rütteln der Form gleichmäßig darin verteilen. Form mehrmals vorsichtig auf die Arbeitsfläche klopfen, damit Luftblasen entweichen. Gehackte Oliven auflockern und auf die Kuvertüre streuen.

3 Kuvertüre in der Form abkühlen und fest werden lassen. Schokolade aus der Form lösen.

Tipp *Trocken eingelegte Oliven bekommen Sie im italienischen Feinkostladen. Diese Oliven haben ein intensiveres Aroma als Oliven in Lake. Wenn Sie nicht fündig werden, entsteinen Sie 10 eingelegte Kalamata-Oliven. Diese auf einem mit Backpapier ausgelegten Blech verteilen und im 180 °C heißen Ofen (unten, Umluft 160 °C) 25 Minuten trocknen. Abgekühlte Oliven wie beschrieben weiterverarbeiten.*

Schokolade mit kandierter Zitronenschale

Zutaten für 3 Schokoladentafeln

2 Bio-Zitronen

60 g Zucker

300 g Bitterkuvertüre

Zubereitungszeit: ca. 1 Std. 45 Min. (plus Abkühlzeit und Zeit zum Festwerden der Schokolade)

Zubereitung

1 Zitronen waschen und trocknen. Zitronen so dünn schälen, dass an der Schale möglichst nichts Weißes haftet. Zitronenschalen in kochendem Wasser 1 Minute sprudelnd kochen lassen, abschrecken und abtropfen lassen.

2 Zucker und 2 EL kaltes Wasser in einen kleinen Topf geben und aufkochen. Zitronenschale zugeben und bei mittlerer Hitze offen zu goldgelbem Karamell kochen lassen. Topf von der Kochstelle nehmen, Zitronenschalen mithilfe von zwei Gabeln einzeln aus dem Karamell heben und auf leicht geölter Alufolie abkühlen lassen.

3 25 g Zitronenschale hacken, feine Bestandteile mit einem groben Sieb abtrennen und beiseite stellen. Kuvertüre mit einem schweren Messer fein hacken. Kuvertüre in einer Metallschüssel über einem warmen Wasserbad schmelzen und anschließend temperieren (siehe S. 7ff.).

4 Die Hälfte der Zitronenschale und feine Teile unter die temperierte Kuvertüre rühren und in die vorbereitete Tafelform gießen. Kuvertüre durch vorsichtiges Rütteln der Form gleichmäßig darin verteilen. Form mehrmals vorsichtig auf die Arbeitsfläche klopfen, damit Luftblasen entweichen. Kuvertüre mit restlicher Zitronenschale bestreuen.

5 Kuvertüre in der Form abkühlen und fest werden lassen. Schokolade aus der Form lösen.

Kirsch-Kaffee-Schokolade

Zutaten für 3 Schokoladentafeln

50 g getrocknete Sauerkirschen

2 EL Kirschwasser

300 g Vollmilchkuvertüre

1 gehäufter TL Instant-Espressopulver

Zubereitungszeit: ca. 1 Std. (plus Marinierzeit und Zeit zum Festwerden der Schokolade)

Zubereitung

1 Kirschen hacken. 20 g Kirschen beiseite legen, restliche Kirschen und Kirschwasser mischen und 2 Stunden marinieren.

2 Kuvertüre mit einem schweren Messer fein hacken. Kuvertüre in einer Metallschüssel über einem warmen Wasserbad schmelzen und anschließend temperieren (siehe S. 7ff.).

3 Erst das Espressopulver, dann die marinierten Kirschen unter die temperierte Kuvertüre rühren und diese in die vorbereitete Tafelform gießen. Kuvertüre durch vorsichtiges Rütteln der Form gleichmäßig darin verteilen. Form mehrmals vorsichtig auf die Arbeitsfläche klopfen, damit Luftblasen entweichen. Gehackte Kirschen auflockern und auf die Kuvertüre streuen.

4 Kuvertüre in der Form abkühlen und fest werden lassen. Schokolade aus der Form lösen.

Variante *Und auch für Kakaobohnenliebhaber gibt es die passende Schokoladen-Kreation: Dazu benötigen Sie 25 g leicht gesalzene Kakaobohnenstücke (z. B. von Zotter). Die Vollmilchkuvertüre wie im Rezept beschrieben vorbereiten und temperieren. Die Hälfte der Kakaobohnenstücke unterrühren und wie oben weiterverfahren. Restliche Kakaobohnenstücke vor dem Festwerden auf die Kuvertüre streuen.*

Diese Schokolade finden Sie auf Seite 2 abgebildet (2. von oben).

Exoten-Schokolade

Zubereitung

1 Limette heiß waschen, gut trocknen und 2 Teelöffel Schale fein abreiben. 1 Esslöffel Limettensaft auspressen. Mangos mit einem schweren Messer fein hacken. Mangos, Limettenschale und Limettensaft mischen und 1 Stunde marinieren.

2 Kuvertüre mit einem schweren Messer fein hacken. Kuvertüre in einer Metallschüssel über einem warmen Wasserbad schmelzen und anschließend temperieren (siehe S. 7ff.).

3 Mango-Limetten-Mischung unter die temperierte Kuvertüre rühren und in die vorbereitete Tafelform gießen. Kuvertüre durch vorsichtiges Rütteln der Form gleichmäßig darin verteilen. Form mehrmals vorsichtig auf die Arbeitsfläche klopfen, damit Luftblasen entweichen. Kuvertüre mit Kokoschips bestreuen und leicht andrücken.

4 Kuvertüre in der Form abkühlen und fest werden lassen. Schokolade aus der Form lösen.

Zutaten für 3 Schokoladentafeln

1 Bio-Limette

40 g getrocknete Mangos (Naturkostladen)

300 g Vollmilchkuvertüre

20 g geröstete Kokoschips (Naturkostladen)

Zubereitungszeit: ca. 1 Std. 45 Min. (plus Marinierzeit und Zeit zum Festwerden der Schokolade)

Schokolade mit Balsamico-Salz

Zutaten für 3 Schokoladentafeln

50 ml Aceto balsamico

3 EL Fleur de Sel

200 g Vollmilchkuvertüre

100 g Bitterkuvertüre

Zubereitungszeit: ca. 1 Std. 15 Min. (plus Trockenzeit und Zeit zum Festwerden der Schokolade)

Zubereitung

1 Backofen auf 130 °C vorheizen. Ein Blech mit Backpapier auslegen, Fleur de Sel auf das Papier streuen. Aceto balsamico in einem kleinen Topf auf 1 Esslöffel sirupartig einkochen und über das Salz träufeln. Im heißen Ofen (Mitte, Umluft 120 °C) 35 Minuten trocknen, dabei gelegentlich die Backofentür öffnen, damit Feuchtigkeit entweichen kann. Fleur de Sel mit einer Gabel auflockern und bei geöffneter Backofentür ganz abkühlen lassen.

2 Balsamico-Salz in einen Gefrierbeutel geben und mit einer Kuchenrolle zerkleinern. Beide Kuvertüren mit einem schweren Messer fein hacken. Kuvertüre in einer Metallschüssel über einem warmen Wasserbad schmelzen und anschließend temperieren (siehe S. 7ff.).

3 Temperierte Kuvertüre in die vorbereitete Tafelform gießen. Kuvertüre durch vorsichtiges Rütteln der Form gleichmäßig darin verteilen. Form mehrmals vorsichtig auf die Arbeitsfläche klopfen, damit Luftblasen entweichen. Etwa 1/2 Teelöffel Balsamico-Salz auf die Kuvertüre streuen.

4 Kuvertüre in der Form abkühlen und fest werden lassen. Schokolade aus der Form lösen.

Tipp *Die Schokolade baldmöglichst luftdicht verpacken, damit das Balsamico-Salz nicht feucht wird. Restliches Salz luftdicht verschlossen aufbewahren; es schmeckt prima auf kurz gebratenem Fleisch oder auf Tomaten.*

Schokolade mit Sesamkrokant

Zutaten für 3 Schokoladentafeln

30 g geschälte Sesamsamen

50 g Zucker

200 g Bitterkuvertüre

100 g Vollmilchkuvertüre

1/2-1 TL geröstetes Sesamöl
(nach Belieben)

*Zubereitungszeit: ca. 1 Std.
(plus Abkühlzeit und Zeit zum
Festwerden der Schokolade)*

Zubereitung

1   Sesam in einer Pfanne ohne Fett goldbraun rösten, herausheben und abkühlen lassen. Zucker in einen Topf mit schwerem Boden geben und hellbraun karamellisieren. Topf von der Kochstelle nehmen, Sesam mit einem Holzlöffel schnell unterrühren. Sesamkrokant auf Backpapier geben und sofort mit dem Löffel flach auseinander streichen. Krokant vollständig abkühlen lassen.

2   Krokant mittelfein hacken. Feine Bestandteile mit einem groben Sieb abtrennen. Kuvertüre mit einem schweren Messer fein hacken. Kuvertüre in einer Metallschüssel über einem warmen Wasserbad schmelzen und anschließend temperieren (siehe S. 7ff.).

3   Erst eventuell Sesamöl, dann die Hälfte vom Sesamkrokant und feine Teile unter die temperierte Kuvertüre rühren und in die vorbereitete Tafelform gießen. Kuvertüre durch vorsichtiges Rütteln der Form gleichmäßig darin verteilen. Form mehrmals vorsichtig auf die Arbeitsfläche klopfen, damit Luftblasen entweichen. Restlichen Sesamkrokant auf die Kuvertüre streuen.

4   Kuvertüre in der Form abkühlen und fest werden lassen. Schokolade aus der Form lösen.

Diese Schokolade finden Sie auf Seite 2 abgebildet (4. von oben).

Weiße Pumpernickel-Kirsch-Schokolade

Zutaten für 3 Schokoladentafeln

40 g getrocknete Sauerkirschen

2 EL brauner Rum

50 g Pumpernickel

1/2 gestrichener TL Zimtpulver

300 g weiße Kuvertüre

Zubereitungszeit: ca. 1 Std. 45 Min. (plus Marinierzeit und Zeit zum Festwerden der Schokolade)

Zubereitung

1 Kirschen hacken, mit dem Rum mischen und 2 Stunden marinieren. Pumpernickel inzwischen in sehr kleine Würfel schneiden und in einer beschichteten Pfanne ohne Fett bei mittlerer Hitze knusprig rösten, Pfanne dabei gelegentlich schwenken. Pumpernickel und Zimt gut mischen und abkühlen lassen.

2 Überschüssigen Zimt und feine Pumpernickelteile mit einem groben Sieb entfernen. Kuvertüre mit einem schweren Messer fein hacken. Kuvertüre in einer Metallschüssel über einem warmen Wasserbad schmelzen und anschließend temperieren (siehe S. 7ff.).

3 Marinierte Kirschen unter die temperierte Kuvertüre rühren und in die vorbereitete Tafelform gießen. Kuvertüre durch vorsichtiges Rütteln der Form gleichmäßig darin verteilen. Form mehrmals vorsichtig auf die Arbeitsfläche klopfen, damit Luftblasen entweichen. Pumpernickel auf die Kuvertüre streuen.

4 Kuvertüre in der Form abkühlen und fest werden lassen. Schokolade aus der Form lösen.

Tipp *Die Schokolade baldmöglichst luftdicht verpacken, damit die Pumpernickelwürfelchen nicht weich werden.*

Schokolade mit Kürbiskernen und rosa Pfeffer

Zutaten für 3 Schokoladentafeln

40 g Kürbiskerne

1/2 TL rosa Pfeffer (rosa Beeren)

200 g Bitterkuvertüre

100 g Vollmilchkuvertüre

1 EL geröstetes Kürbiskernöl

Zubereitungszeit: ca. 1 Std. 15 Min. (plus Zeit zum Festwerden der Schokolade)

Zubereitung

1 Kürbiskerne in einer Pfanne ohne Fett rösten, bis die Kerne zu duften beginnen. Pfanne dabei gelegentlich rütteln. Kürbiskerne auf einem Teller abkühlen lassen. Rosa Pfeffer hacken.

2 Kürbiskerne nach Belieben hacken. Beide Kuvertüren mit einem schweren Messer fein hacken. Kuvertüre in einer Metallschüssel über einem warmen Wasserbad schmelzen und anschließend temperieren (siehe S. 7ff.).

3 Erst das Kürbiskernöl, dann etwa zwei Drittel der Kürbiskerne unter die temperierte Kuvertüre rühren und in die vorbereitete Tafelform gießen. Kuvertüre durch vorsichtiges Rütteln der Form gleichmäßig darin verteilen. Form mehrmals vorsichtig auf die Arbeitsfläche klopfen, damit Luftblasen entweichen. Restliche Kürbiskerne auf der Kuvertüre verteilen, rosa Pfeffer dazwischenstreuen.

4 Kuvertüre in der Form abkühlen und fest werden lassen. Schokolade aus der Form lösen.

Diese Schokolade finden Sie auf Seite 2 abgebildet (ganz oben).

Weiße Schokolade mit Cranberrys und Pistazien

Zubereitung

1 Cranberrys mit einem schweren Messer fein hacken. Mit den Händen auflockern, so dass sich die Stückchen voneinander trennen. Pistazienkerne fein hacken. Feine Bestandteile mit einem feinen Sieb entfernen.

2 Kuvertüre mit einem schweren Messer fein hacken. Kuvertüre in einer Metallschüssel über einem warmen Wasserbad schmelzen und anschließend temperieren (siehe S. 7ff.).

3 Jeweils die Hälfte von Cranberrys und Pistazien und feine Pistazienteile unter die temperierte Kuvertüre rühren und in die vorbereitete Tafelform gießen. Kuvertüre durch vorsichtiges Rütteln der Form gleichmäßig darin verteilen. Form mehrmals vorsichtig auf die Arbeitsfläche klopfen, damit Luftblasen entweichen. Restliche Cranberrys und Pistazien auf der Kuvertüre verteilen.

4 Kuvertüre in der Form abkühlen und fest werden lassen. Schokolade aus der Form lösen.

Diese Schokolade finden Sie auf dem Cover abgebildet (ganz unten).

Zutaten für 3 Schokoladentafeln

25 g getrocknete Cranberrys

25 g Pistazienkerne

300 g weiße Kuvertüre

Zubereitungszeit: ca. 1 Std. (plus Zeit zum Festwerden der Schokolade)

Grüntee-Schokolade mit Pistazien

Zubereitung

1 Pistazienkerne grob hacken. Beide Kuvertüren mit einem schweren Messer fein hacken. Kuvertüre und Matcha-Tee in einer Metallschüssel über einem warmen Wasserbad schmelzen und anschließend temperieren (siehe S. 7ff.).

2 Temperierte Kuvertüre in die vorbereitete Tafelform gießen und durch vorsichtiges Rütteln der Form gleichmäßig darin verteilen. Form mehrmals vorsichtig auf die Arbeitsfläche klopfen, damit Luftblasen entweichen. Gehackte Pistazien auf die Kuvertüre streuen.

3 Kuvertüre in der Form abkühlen und fest werden lassen. Schokolade aus der Form lösen.

Tipp *Matcha-Tee bekommen Sie im Teeladen. Aus dem grünen Teepulver wird bei der japanischen Teezeremonie der Tee zubereitet. Er schmeckt leicht bitter. Der Geschmack der Schokolade wird milder, wenn Sie das Verhältnis der Kuvertüren umdrehen, d. h. 200 g Vollmilch- und 100 g Bitterkuvertüre verwenden.*

Zutaten für 3 Schokoladentafeln

15 g Pistazienkerne

200 g Bitterkuvertüre

100 g Vollmilchkuvertüre

3 gestrichene TL Matcha-Tee (8 g; siehe Tipp)

Zubereitungszeit: ca. 50 Min. (plus Zeit zum Festwerden der Schokolade)

Überraschend schön

Hier können sich Hobby-Chocolatiers von ihrer Schokoladenseite zeigen und mit einem hell-dunklen Kontrastprogramm begeistern. Salz und Pfeffer beweisen sich einmal mehr als unzertrennliches Paar – auch in Schokolade. Kleine und große Schokoladengenießer lassen sich mit knallig-bunter Fleckenschokolade verführen. Und verblüffen Sie Freunde einer zünftigen Brotzeit mit Ihrer süßen Variante!

Gefleckte Schokolade
»Bunte Kuh«

Zutaten für 3 Schokoladentafeln

150 g weiße Kuvertüre

150 g Vollmilchkuvertüre

60 g kleine bunte Schokolinsen

*Zubereitungszeit: ca. 1 Std.
(plus Zeit zum Festwerden
der Schokolade)*

Zubereitung

1 Kuvertüren getrennt voneinander mit einem schweren Messer fein hacken. Dann die Kuvertüren parallel in je einer Metallschüssel über einem warmen Wasserbad schmelzen und anschließend temperieren (siehe S. 7ff.).

2 Nun zügig arbeiten: Erst die weiße Kuvertüre fleckenartig in der vorbereiteten Tafelform verteilen. Anschließend die Vollmilchkuvertüre dazwischengeben. Kuvertüren durch vorsichtiges Rütteln der Form gleichmäßig darin verteilen. Form mehrmals vorsichtig auf die Arbeitsfläche klopfen, damit Luftblasen entweichen. Schokolinsen auf die Kuvertüre streuen.

3 Kuvertüre in der Form abkühlen und fest werden lassen. Schokolade aus der Form lösen.

Tipp *Bei dieser Schokolade ist es sehr wichtig, dass beide Kuvertüresorten zeitgleich geschmolzen und temperiert werden. Anschließend muss zügig gearbeitet werden, damit nicht eine Kuvertüre vor der anderen fest zu werden beginnt.*

Diese Schokolade finden Sie auf Seite 52 und auf Seite 12 abgebildet.

Salz-Pfeffer-Schokolade

Zutaten für 3 Schokoladentafeln

1/2 TL rosa Pfeffer (rosa Beeren)

150 g weiße Kuvertüre

150 g Bitterkuvertüre

1/4 TL Fleur de Sel

Zubereitungszeit: ca. 1 Std.
(plus Zeit zum Festwerden
der Schokolade)

Zubereitung

1 Rosa Pfeffer hacken. Kuvertüren getrennt voneinander mit einem schweren Messer fein hacken. Kuvertüren parallel in je einer Metallschüssel über einem warmen Wasserbad schmelzen und anschließend temperieren (siehe S. 7ff.).

2 Nun zügig arbeiten: Erst die Bitterkuvertüre in eine Längshälfte der vorbereiteten Tafelform gießen. Anschließend die weiße Kuvertüre in die andere Längshälfte gießen. Kuvertüren durch vorsichtiges Rütteln der Form gleichmäßig darin verteilen. Form mehrmals vorsichtig auf die Arbeitsfläche klopfen, damit Luftblasen entweichen.

3 Mit einem Hölzchen eine Schlangenlinie durch die Grenze der Kuvertüren ziehen. Weiße Kuvertüre mit dem rosa Pfeffer, Bitterkuvertüre mit Fleur de Sel bestreuen. Kuvertüre in der Form abkühlen und fest werden lassen. Schokolade aus der Form lösen.

Tipp *Bei dieser Schokolade ist es sehr wichtig, dass beide Kuvertüresorten zeitgleich geschmolzen und temperiert werden. Anschließend muss zügig gearbeitet werden, damit nicht eine Kuvertüre vor der anderen fest zu werden beginnt.*

Diese Schokolade finden Sie auf Seite 52 und auf Seite 12 abgebildet.

Weiße Schokolade mit Rosen und Veilchen

Zutaten für 3 Schokoladentafeln

15 g kandierte Rosenblütenblätter

300 g weiße Kuvertüre

10 g kandierter
Veilchenblüten-Bruch

**Zubereitungszeit: ca. 45 Min.
(plus Zeit zum Festwerden
der Schokolade)**

Zubereitung

1 Rosenblütenblätter nach Belieben vorsichtig hacken. Kuvertüre mit einem schweren Messer fein hacken. Kuvertüre in einer Metallschüssel über einem warmen Wasserbad schmelzen und anschließend temperieren (siehe S. 7ff.).

2 Temperierte Kuvertüre in die vorbereitete Tafelform gießen und durch vorsichtiges Rütteln der Form gleichmäßig darin verteilen. Form mehrmals vorsichtig auf die Arbeitsfläche klopfen, damit Luftblasen entweichen. Rosenblüten auf der Kuvertüre verteilen, Veilchenblüten dazwischenstreuen und die Blüten leicht andrücken.

3 Kuvertüre in der Form abkühlen und fest werden lassen. Schokolade aus der Form lösen.

Tipp *Kandierte Rosenblütenblätter können Sie ganz einfach selbst machen: Abgezupfte Blütenblätter von unbehandelten Rosen auf beiden Seiten dünn mit frischem Eiweiß bepinseln und in feinen Zucker tauchen. Nebeneinander auf Backpapier legen und 1–2 Tage in einem trockenen Raum trocknen lassen.*

Hell-Dunkel-Schokolade

Zutaten für 3 Schokoladentafeln

150 g Vollmilchkuvertüre

150 g Bitterkuvertüre

je 10 g Bitter- und Vollmilch-Schokotropfen (Naturkostladen)

Zubereitungszeit: ca. 1 Std. (plus Zeit zum Festwerden der Schokolade)

Zubereitung

1 Kuvertüren getrennt voneinander mit einem schweren Messer fein hacken. Dann die Kuvertüren parallel in je einer Metallschüssel über einem warmen Wasserbad schmelzen und anschließend temperieren (siehe S. 7ff.).

2 Nun zügig arbeiten: Erst die Vollmilchkuvertüre in eine Längs-hälfte der vorbereiteten Tafelform gießen. Anschließend die Bitterku-vertüre in die andere Längshälfte gießen. Kuvertüren durch vorsichtiges Rütteln der Form gleichmäßig darin verteilen. Form mehrmals vorsichtig auf die Arbeitsfläche klopfen, damit Luftblasen entweichen.

3 Mit einem Hölzchen eine Schlangenlinie durch die Grenze der Kuvertüren ziehen. Vollmilchkuvertüre mit den dunklen, Bitterkuvertüre mit den hellen Schokotropfen bestreuen. Kuvertüre in der Form abküh-len und fest werden lassen. Schokolade aus der Form lösen.

Variante *Toll sieht diese Schokolade aus, wenn Sie die Vollmilchkuver-türe mit silbernen Mini-Zuckerperlen (»Nonpareilles«) und die Bitter-kuvertüre mit goldenen Mini-Zuckerperlen bestreuen.*

Schokolade mit Ingwer-Marzipan

Zubereitung

1 Ingwer fein hacken und mit dem Marzipan verkneten. Geschlossene Seiten eines Gefrierbeutels aufschneiden. Das Ingwer-Marzipan zwischen den Folien zu einer Fläche von ca. 17 x 24 cm ausrollen. Marzipan in der Folie mit einem scharfen Messer zu drei Rechtecken (ca. 7,5 x 16,5 cm) zerschneiden.

2 Kuvertüre mit einem schweren Messer fein hacken. Kuvertüre in einer Metallschüssel über einem warmen Wasserbad schmelzen und anschließend temperieren (siehe S. 7ff.).

3 Die Hälfte der temperierten Kuvertüre in die vorbereitete Tafelform gießen. Kuvertüre durch vorsichtiges Rütteln der Form gleichmäßig darin verteilen. Form mehrmals vorsichtig auf die Arbeitsfläche klopfen, damit Luftblasen entweichen. Restliche Kuvertüre auf Verarbeitungstemperatur halten.

4 Folien vom Marzipan entfernen und auf die Kuvertüre in der Form legen. Restliche Kuvertüre wie oben auf dem Marzipan verteilen. Kuvertüre in der Form abkühlen und fest werden lassen. Schokolade aus der Form lösen.

Tipp *Bei dieser Schokolade ist es sehr wichtig, dass die zweite Hälfte der Kuvertüre nicht abkühlt, während das Marzipan aufgelegt wird. Wenn es doch passiert: Kuvertüre erneut temperieren (siehe S. 7ff.).*

Zutaten für 3 Schokoladentafeln

40 g kandierter Ingwer

120 g Marzipan-Rohmasse

300 g Bitterkuvertüre

Zubereitungszeit: ca. 1 Std. 30 Min. (plus Zeit zum Festwerden der Schokolade)

Senf-Schokolade mit Brezeln

Zubereitung

1 Kuvertüre mit einem schweren Messer fein hacken. Kuvertüre in einer Metallschüssel über einem warmen Wasserbad schmelzen und anschließend temperieren (siehe S. 7ff.).

2 Inzwischen eine Tasse mit kochend heißem Wasser vorwärmen und wieder abtrocknen. Rapsöl und Senfpulver in der Tasse klümpchen-frei verrühren.

3 Angerührtes Senfpulver unter die temperierte Kuvertüre rühren und in die vorbereitete Tafelform gießen. Kuvertüre durch vor-sichtiges Rütteln der Form gleichmäßig darin verteilen. Form mehrmals vorsichtig auf die Arbeitsfläche klopfen, damit Luftblasen entweichen. Brezeln auf der Kuvertüre verteilen und leicht andrücken.

4 Kuvertüre in der Form abkühlen und fest werden lassen. Schokolade aus der Form lösen.

Tipp *Servieren Sie diese pikante Schokolade doch einmal stilecht als bayerische Brotzeit: Eine Serviette mit Rautenmuster falten und auf ein Frühstücksbrettchen legen, darauf die Schokolade legen. Mit Marzipan-radieschen (Konfiserie) und/oder Marzipan-Gürkchen garnieren. Brettchen in eine Stoffserviette wickeln und diese mit Küchengarn verschnüren.*

Zutaten für 3 Schokoladentafeln

300 g weiße Kuvertüre

1 EL natives Rapsöl

4 TL englisches Senfpulver

30 Mini-Brezeln (z. B. aus Knabbergebäck-Mischung)

Zubereitungszeit: ca. 45 Min. (plus Zeit zum Festwerden der Schokolade)

Schicht-Schokolade mit getrockneten Erdbeeren

Zutaten für 3 Schokoladentafeln

150 g große einwandfreie Erdbeeren

1 gestrichener TL Puderzucker

200 g weiße Kuvertüre

150 g Bitterkuvertüre

Zubereitungszeit: ca. 1 Std. 15 Min. (plus Trockenzeit und Zeit zum Festwerden der Schokolade)

Diese Schokolade finden Sie auf Seite 2 abgebildet (3. von oben).

Zubereitung

1 Backofen auf 100 °C vorheizen. Erdbeeren waschen, trockentupfen und putzen. Beeren quer in sehr dünne Scheiben schneiden, auf einem mit Backpapier ausgelegten Blech ausbreiten. Puderzucker durch ein feines Sieb darauf verteilen.

2 Erdbeerscheiben im heißen Ofen (Mitte, Umluft 80 °C) zu knusprigen Chips trocknen. Das dauert je nach Dicke der Scheiben 1 1/2 bis 2 Stunden, eventuell auch länger. Während des Trocknens gelegentlich die Backofentür öffnen, damit Feuchtigkeit entweichen kann.

3 Erdbeerchips abkühlen lassen, dann hacken. Kuvertüren getrennt voneinander mit einem schweren Messer fein hacken. Zuerst die weiße Kuvertüre in einer Metallschüssel über einem warmen Wasserbad schmelzen und anschließend temperieren (siehe S. 7ff.).

4 Erdbeeren unter die Kuvertüre rühren und diese in die vorbereitete Tafelform gießen. Kuvertüre durch vorsichtiges Rütteln der Form gleichmäßig darin verteilen. Form mehrmals vorsichtig auf die Arbeitsfläche klopfen, damit Luftblasen entweichen. Kuvertüre im Kühlschrank kurz erstarren lassen, dann bei Raumtemperatur beiseite stellen.

5 Inzwischen die Bitterkuvertüre in einer Metallschüssel über einem warmen Wasserbad schmelzen und temperieren. Auf die weiße Kuvertüre gießen, wie oben verteilen und blasenfrei klopfen. Schokolade in der Form abkühlen und fest werden lassen, dann aus der Form lösen.

Rezeptregister

Bezugsquellen (Internet)

www.hobbybaeckerversand.de
(u. a. Kuvertüre)

www.mueller-dekor.de

www.pati-versand.de
(u. a. Kuvertüre)

www.sweet-and-fine.de
(kandierte Blüten)

www.theobroma-cacao.de
(u. a. Kuvertüre, Kakao-
bohnenstücke)

www.violas.de
(Gewürze, kandierte Blüten)

Impressum

Redaktionsleitung
Susanne Kirstein

Projektleitung
Eva Wagner

Layout, Gesamtproducing
v*büro – Jan-Dirk Hansen, München

Redaktion
Claudia Lenz, Essen

Bildredaktion
Elisabeth Franz

Korrektorat
Susanne Langer

Umschlaggestaltung und Verpackungsdesign
Norbert Pautner, Berlin

Litho Artilitho, Lavis (Trento)

Druck und Verarbeitung
Anpak Printing Ltd., Hongkong

Printed in China

ISBN 978-3-517-08569-2

9817 2635 4453 6271

Über den Autor
Kay-Henner Menge ist Diplom-Oecotrophologe und hat sein Hobby Kochen zum Beruf gemacht. Er arbeitet als Rezeptautor und Foodstylist für verschiedene Zeitschriften in der Versuchsküche eines großen Verlages. Daneben schreibt er Kochbücher zu unterschiedlichen Themen. Eine Möglichkeit zu finden, Kuvertüre unter Haushaltsbedingungen zu temperieren, stellte für den Chocoholic einerseits eine große Herausforderung dar, andererseits spornte ihn dieses zu immer neuen raffinierten Rezeptkreationen an.

Hinweis
Die Ratschläge/Informationen in diesem Buch sind von Autor und Verlag sorgfältig erwogen und geprüft, dennoch kann eine Garantie nicht übernommen werden. Eine Haftung des Autors bzw. des Verlags und seiner Beauftragten für Personen-, Sach- und Vermögensschäden ist ausgeschlossen.

Impressum

Bildnachweis
Foodfotografie: Maja Smend
Styling: Jennifer Schüßler & Maja Smend
Foodstyling: Kim Morphew

Mein Ratgeberportal – **villa**vitalia**.de**